miniLÜK Groß- und Kleinschreibung

ISBN 978-3-8377-**4191**-9

Name:

Ich habe die Übungen erfolgreich bearbeitet am:

Die Großschreibung von Nomen

Regel 1 **Nomen werden großgeschrieben.**

Mit Nomen bezeichnet man Lebewesen (Menschen, Tiere, Pflanzen) und Dinge. Auch Gefühle und Gedachtes sind Nomen *(Glück, Angst).*
Nomen werden auch Namenwörter, Hauptwörter oder Substantive genannt.

1 **Ordne die folgenden Nomen den Gruppen zu.**

		Lebewesen	Dinge
1.	Junge	9	5
2.	Hund	5	10
3.	Leine	8	2
4.	Baum	10	6
5.	Tafel	4	8
6.	Lehrerin	6	1
7.	Kreide	11	4
8.	Lineal	3	11
9.	Frau	1	7
10.	Kleid	12	3
11.	Rose	7	9
12.	Buch	5	12

2 **Ordne die folgenden Nomen den Gruppen zu.**

	Lebewesen	Dinge	Gefühle, Erdachtes
1. Kind	7	4	8
2. Rasen	4	10	6
3. Glück	8	6	12
4. Fußball	10	8	3
5. Oma	6	11	2
6. Kuchen	2	3	1
7. Teller	5	2	11
8. Freude	1	5	10
9. Freund	11	7	4
10. Auto	4	1	8
11. Spannung	3	12	5
12. Rennbahn	12	9	7

Tipp 1 **Achte in Texten auf Signalwörter wie *der, die, das, ein, eine.***

In Texten steht häufig vor dem Nomen der bestimmte Artikel (*der, die, das, des, dem, den*) oder der unbestimmte Artikel (*ein, eine, eines, einer, einem, einen*). Deshalb ist der Artikel ein Signalwort für das Nomen.

3 Welcher Artikel steht vor dem Nomen?

Streit auf dem Schulhof

Über [1.] Schulhof geht

[2.] unbekannter Junge.

Er stolpert über [3.] Tasche.

Es ist [4.] Tasche von Anna.

Da fällt [5.] Tasche in [6.] Dreck.

Anna schreit [7.] Jungen an.

Zwischen beiden gibt es [8.] Streit.

1. einer 6 den 3
2. ein 1 das 12
3. der 4 eine 6
4. die 4 das 10

5. die 12 einem 8
6. den 8 das 11
7. einem 7 den 10
8. das 9 einen 7
9. die 11 dem 5
10. ein 2 dem 9
11. dem 5 ein 6
12. dem 3 die 2

Da mischt sich [9.] Freundin von Anna ein:

„Hör auf! Das ist [10.] Jungen doch aus Versehen passiert!"

Anna will sich bei [11.] Jungen entschuldigen.

Der Junge gibt Anna [12.] Hand und sagt:

„Ist schon gut. Ich heiße übrigens Leo."

Tipp 2 **Achte auf Signalwörter wie *beim, am, im, zum, ins, ans.***

Bei diesen Signalwörtern versteckt sich der Artikel:
beim = bei dem, am = an dem, im = in dem, zum = zu dem,
ins = in das, ans = an das

4 Welche Signalwörter passen in die folgenden Sätze?

In den Bergen

1. Familie Sommer ist (im 1 / am 11 / zum 10) Urlaub.
2. Die Kinder Raphael und Lina spielen (zum 10 / am 11 / ans 8) Bach.
3. Sie haben ein Taschenmesser (im 4 / ans 8 / zum 10) Schnitzen dabei.
4. Die beiden basteln Borkenschiffchen, die sie (zum 6 / im 8 / beim 2) Wasser schwimmen lassen.
5. Heute kommt Familie Sommer endlich (am 2 / im 3 / zum 4) Wandern.
6. Ihr Weg (zum 6 / aus 2 / im 7) Gipfel ist sehr anstrengend.
7. Raphael hat (zum 9 / im 5 / vom 2) Laufen Blasen an den Füßen bekommen.
8. Als Trost bekommt er (am 7 / beim 5 / ans 9) Mittagessen ein großes Eis.
9. Für den Abstieg zurück (am 3 / beim 7 / ins 9) Dorf nehmen sie die Seilbahn.
10. Trotzdem erreichen sie erst (am 7 / im 3 / ins 12) Abend ihre Ferienwohnung.
11. Raphael und Lina wollen (im 8 / zum 3 / am 12) Abendessen nur noch einen Joghurt.
12. Dann fallen die beiden todmüde (ans 10 / am 11 / ins 12) Bett.

Tipp 3 **Achte auf Signalwörter wie *mein, dein, sein, unser, euer, ihr.***

Auch die Wörter *mein, dein, sein, unser, euer, ihr* geben das Signal:
Achtung, das folgende Wort kann ein Nomen sein.
Morgen kommt <u>meine</u> Tante.

5 Welche Signalwörter müssen in den Sätzen eingesetzt werden?

Auf, in die Badeanstalt!

1. „Kommt, wir fahren in die Badeanstalt!“, ruft mein 4 / meine 3 Mutter.

2. Wo ist nur mein 2 / meine 11 Badetasche?

3. Mein 8 / Meine 6 Bruder Ole hat schon alles fertig.

4. Er hat seinen 4 / sein 1 Sportbeutel gepackt im Flur liegen.

5. Da kommt Maria, mein 10 / meine 2 Freundin.

6. Wir wollen zusammen in unser 11 / unsere 12 Badeanstalt fahren.

7. Oft ist mein 5 / meine 10 ganze Klasse da.

8. Mein 5 / Meine 7 Badekrokodil ist für uns alle ein Riesenspaß.

9. Ole und sein 7 / seine 9 Freund Paul sind schon auf der Rutsche.

10. Gegen Abend kommt noch mein 9 / meine 8 Vater.

11. Endlich ist sein 3 / seine 1 Arbeit zu Ende.

12. Mein Vater schwimmt dann mit meiner 6 / meine 12 Mutter noch einige Bahnen.

Tipp 4 Zwischen Signalwort und Nomen kann ein Adjektiv stehen.

Zwischen Signalwort und Nomen kann ein Adjektiv (Eigenschaftswort, Wiewort) stehen: *die helle Sonne, mein schöner Ball.*

6 Welche Nomen und welche Adjektive passen in den Viererblöcken zusammen?

Schreibübung

Schreibe den gesamten Ausdruck auf. Zeichne einen Pfeil vom Signalwort zum Nomen: *das leckere Himbeereis.*

(Lösung Seite 35)

1.	das Himbeereis	glatt	9
2.	das Mädchen	lecker	10
3.	unsere Wanderung	pfiffig	1
4.	der Stein	anstrengend	6
5.	am Tag	zottelig	3
6.	die Zitrone	spannend	7
7.	der Bär	sauer	2
8.	dein Buch	hell	12
9.	sein Hund	hoch	8
10.	meine Hose	fröhlich	11
11.	das Lied	blau	4
12.	der Leuchtturm	bissig	5

7 Welche der Wörter in Großbuchstaben sind Nomen und werden großgeschrieben?

Im Zoo

Nr.	Satz	groß	klein
1.	Heute machen die Kinder der dritten Klasse einen schönen AUSFLUG.	7	10
2.	Sie fahren mit der Straßenbahn zum neuen ZOO.	11	12
3.	Zuerst schauen sie sich die großen BÄREN an.	10	2
4.	Dann geht es zu den DROLLIGEN Affen.	4	8
5.	Mehrere Affen hängen an dem STARKEN Gitter.	3	4
6.	Einige Kinder haben an der Kasse große TÜTEN mit Futter gekauft.	12	5
7.	Jetzt werfen sie die leckeren ERDNÜSSE durch das Gitter.	2	6
8.	Das gefällt den gefräßigen AFFEN.	5	10
9.	Mit Gekreisch stürzen sie sich auf die FRISCHEN Nüsse.	4	9
10.	Vor allem die KLEINEN Affen müssen schnell weglaufen, wenn sie eine Nuss erwischt haben.	12	1
11.	Sonst jagen ihnen die ALTEN Affen ihre Beute wieder ab.	7	3
12.	Am Ende des langen TAGES können sich die Kinder auf dem Spielplatz austoben.	6	11

8 Entscheide, welches gekennzeichnete Wort großgeschrieben wird.
Denke daran, dass zwischen Signalwort und Nomen ein Adjektiv stehen kann.

Am Strand

(5) (6) (7)
1. Jenni und Jonathan SPIELEN AM STRAND.

(2) (4) (5)
2. Heute bauen sie EINEN GROßEN HAFEN.

(6) (4) (8)
3. Als Schiffe nehmen sie die BEIDEN HÄLFTEN IHRER Seifendose.

(1) (2) (3)
4. Jenni will noch einen HOHEN LEUCHTTURM BAUEN.

(12) (11) (10)
5. Aber jetzt STEIGT DAS WASSER schon wieder.

(8) (10) (12)
6. Deshalb wird DER WEICHE SAND immer nasser.

(7) (9) (8)
7. Außerdem frischt AM SPÄTEN NACHMITTAG der Wind auf.

(1) (11) (9)
8. Jenni und Jonathan lassen jetzt ihre NEUEN DRACHEN STEIGEN.

(9) (6) (3)
9. Jennis roter Drachen ist schon HOCH AM HIMMEL.

(6) (4) (1)
10. Jonathan hat Probleme mit SEINER LANGEN DRACHENSCHNUR.

(3) (6) (9)
11. Auch DER BUNTE SCHWANZ des Drachens hat sich verwickelt.

(7) (6) (5)
12. Endlich hat Jonathan alles entwirrt und SEIN DRACHEN STEIGT in die Luft.

Tipp 5 **Die Artikelprobe**

Zu jedem Nomen gehört ein Artikel: *der Vogel, die Angst, das Eis.*
Wenn du nicht sicher bist, ob es sich bei einem Wort um ein Nomen handelt, dann mache die Artikelprobe:
Lässt sich ein Artikel ergänzen, dann handelt es sich bei dem Wort um ein Nomen.

VOGEL: *der Vogel* (also Großschreibung)

9 Welche Wörter sind Nomen und müssen großgeschrieben werden?
Wende die Artikelprobe an.

1. PFERD
2. OFT
3. STALL
4. FELL
5. WEICH
6. KAUM
7. REITERIN
8. WIESE
9. SCHNELL
10. GERTE
11. HINDERNIS
12. MÜDE

10 Welche Wörter in Großbuchstaben sind Nomen und müssen großgeschrieben werden?
Wende die Artikelprobe an.

Wuschel

1. Anton hat einen HAMSTER.
2. Er heißt Wuschel, denn er hat ganz WUSCHELIGES Fell.
3. Wuschel lebt in einem KÄFIG.
4. Anton gibt ihm jeden Tag frisches WASSER und etwas zu fressen.
5. Wuschel mag ÄPFEL und Mohrrüben.
6. Dazu bekommt er IMMER Trockenfutter und Heu.

7. Das Heu schleppt Wuschel in sein HÄUSCHEN.
8. Dort schläft er, wenn Anton in der SCHULE ist.
9. Am Nachmittag SPIELT Anton mit seinem Hamster.
10. Einmal versteckte sich Wuschel im ZIMMER.
11. Dabei knabberte er einige BÜCHER an.
12. Anton war sehr FROH, als Wuschel wieder im Käfig war.

11 Welche Wörter der Wortschlange sind Nomen, die du großschreiben musst?

Wende die Artikelprobe an.

Schreibübung

Schreibe die Nomen mit ihren Artikeln in dein Heft.

(Lösung Seite 35)

Nr.			Nr.		
1.	L 3	l 8	7.	K 8	k 1
2.	F 7	f 3	8.	H 9	h 2
3.	B 11	b 9	9.	F 10	f 12
4.	B 12	b 7	10.	S 2	s 11
5.	S 5	s 4	11.	B 6	b 5
6.	B 4	b 6	12.	L 7	l 10

12 Welche Wörter der Wortschlange sind Nomen, die du großschreiben musst?

Wende die Artikelprobe an.

Schreibübung

Schreibe die Nomen mit ihren Artikeln in dein Heft.

(Lösung Seite 35)

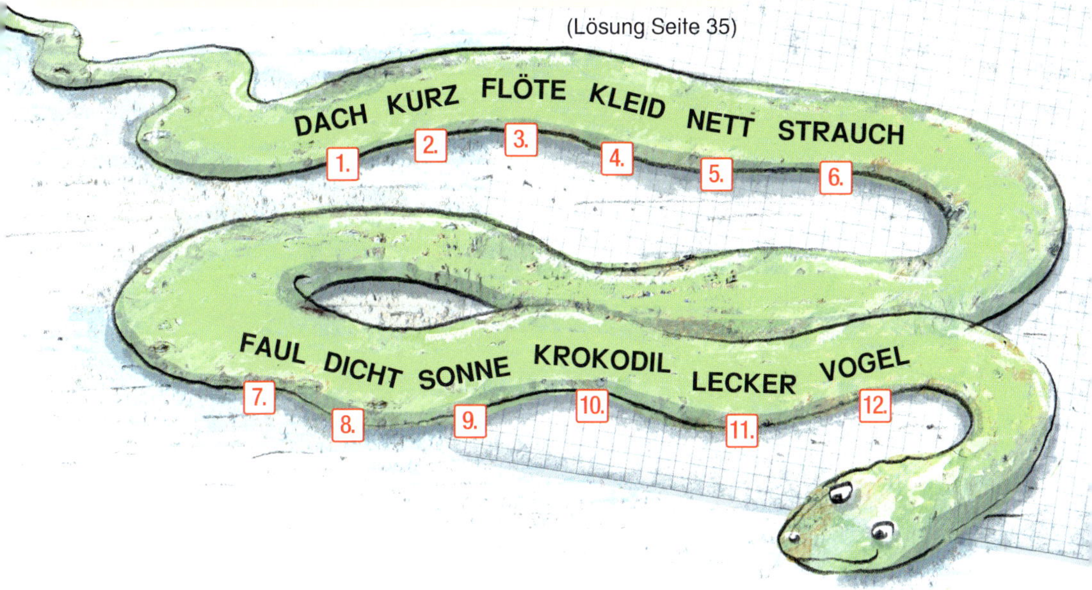

Nr.	Groß	Klein	Nr.	Groß	Klein
1.	D 11	d 4	7.	F 7	f 12
2.	K 10	k 1	8.	D 9	d 7
3.	F 4	f 8	9.	S 3	s 5
4.	K 6	k 3	10.	K 5	k 2
5.	N 12	n 10	11.	L 1	l 9
6.	S 8	s 5	12.	V 2	v 11

13 Wie werden die gekennzeichneten Wörter geschrieben, groß oder klein?
Wenn du unsicher bist, wende die Artikelprobe an.

Annas Aquarium

1. Zum Geburtstag bekommt Lilli von ihren Eltern ein AQUARIUM.
2. Zu dem Becken gehören die Beleuchtung, eine Heizung und ein FILTER.
3. Außerdem steht unter dem Geburtstagstisch eine große Tüte mit KIES.
4. Am nächsten Tag wäscht Lilli mit ihrer Mutter den Kies und FÜLLT ihn in das neue Becken.
5. Lilli baut aus mehreren STEINEN eine Höhle.
6. Jetzt können sie vorsichtig WASSER einfüllen.
7. In einer Zoohandlung besorgt Lilli zierliche WASSERPFLANZEN.
8. Nun muss Lilli einige TAGE warten, bis sie die ersten Fische einsetzen kann.
9. Lilli möchte gern Neonfische und Guppys in ihrem Aquarium HALTEN.
10. Diese Fische leben gern in kleinen GRUPPEN zusammen.
11. Jeden Tag muss sie zwei- bis dreimal ihre Fische mit FUTTER versorgen.
12. Lilli hat VIEL Freude an ihrem Aquarium.

14 Entscheide, ob die gekennzeichneten Wörter groß- oder kleingeschrieben werden.

Pinguine – Vögel, die nicht fliegen

1.	Pinguine leben auf der südlichen HÄLFTE der Erde.	H 6	h 10
2.	Sie FÜHLEN sich sogar am Südpol wohl.	F 4	f 8
3.	Hier liegt immer Schnee und die TEMPERATUR beträgt oft minus 40 Grad.	T 10	t 11
4.	Die Tiere sind durch eine dicke Fettschicht und durch ihre Federn vor der KÄLTE geschützt.	K 11	k 5
5.	Pinguine gehören zu den Vögeln, die nicht FLIEGEN können.	F 1	f 4
6.	Dafür können sie umso besser SCHWIMMEN und tauchen.	S 3	s 1
7.	Beim Schwimmen im Meer fangen sie sich kleine Fische und KREBSE.	K 5	k 11
8.	Im Südpol-Winter legen die WEIBCHEN je ein Ei.	W 2	w 12
9.	Die Männchen übernehmen das Ei und schieben es unter eine Hautfalte am BAUCH.	B 9	b 6
10.	Nach zwei MONATEN schlüpfen die Jungen.	M 12	m 2
11.	Jetzt WERDEN sie von den Müttern mit Fischbrei aus dem Magen gefüttert.	W 8	w 3
12.	Mit fünf Monaten können die KLEINEN Pinguine ihre Fische schon selbst fangen.	K 1	k 7

Tipp 6 **Verben können als Nomen gebraucht werden.**

Verben (laufen, lachen) werden kleingeschrieben.
Werden sie aber als Nomen benutzt, schreibt man sie groß:
das Laufen, sein Lachen, zum Weglaufen.
Achte auf die Signalwörter.

15 Stelle die passenden Teilsätze zusammen.

Schreibübung

Schreibe das als Nomen gebrauchte Verb mit seinem Signalwort heraus und unterstreiche das Signalwort: *beim Turnen.*

(Lösung Seite 35)

1.	Anton hat beim Turnen	• das falsche Stück gespielt.	10
2.	Beim Reiten hat Lilli	• Paul umgerannt.	8
3.	Ida hat beim Musizieren	• ihre Gerte verloren.	12
4.	An der See ist bei Sturm	• das Füttern der Tiere nicht erlaubt.	11
5.	Für Motorradfahrer ist	• das Baden verboten.	7
6.	In den meisten Zoos ist	• das Tragen eines Helms vorgeschrieben.	4
7.	Vom vielen Schreien	• hat sich Leo verschluckt.	9
8.	Vom schnellen Laufen	• ist Jenni ganz heiser.	1
9.	Beim Lachen	• ist der Hund müde geworden.	6
10.	Das Spielen mit dem Ball	• ist nicht gut für die Augen.	3
11.	Das lange Fernsehen	• schult das Gedächtnis.	5
12.	Das Singen von Liedern	• fördert die Geschicklichkeit.	2

16 **Entscheide, ob die gekennzeichneten Wörter groß- oder kleingeschrieben werden.**
Achtung: Fünf Verben werden als Nomen benutzt und müssen daher großgeschrieben werden.

Schreibübung

Schreibe die Nomen mit ihren Signalwörtern in dein Heft und unterstreiche die Signalwörter

(Lösung Seite 35)

Was machen wir im Schullandheim?

S 11 s 10 1. Unsere Lehrerin möchte mit uns oft zum SCHWIMMEN gehen.

M 12 m 7 2. Emilia und Julia wollen ihr Schwimmabzeichen MACHEN.

T 10 t 6 3. Julia hat aber noch Angst vor dem TAUCHEN.

W 2 w 12 4. Greta will lieber WANDERN.

D 3 d 4 5. Timo und Cemil möchten einen bunten Abend DURCHFÜHREN.

B 9 b 8 6. Paula und Conny würden gern einen Freizeitpark BESUCHEN.

7. Ruben befürchtet, dass wir keine Zeit zum FERNSEHEN haben. F 6 f 1

8. Mia hat Interesse am TANZEN. T 1 t 5

9. Luis schlägt vor, dass wir eine Schnitzeljagd ORGANISIEREN. O 7 o 9

10. Max und Benjamin möchten auch Zeit zum BUMMELN haben. B 5 b 11

11. Svenja würde am liebsten zu Hause BLEIBEN. B 2 b 3

12. Hoffentlich können wir uns bis zur Fahrt noch EINIGEN! E 12 e 2

Tipp 7 **Achte auf die Endungen *keit, heit, nis, ung, tum.***

Die Endungen *keit, heit, nis, ung, tum* kennzeichnen Nomen.

17 Bilde aus den folgenden Wörtern Nomen, indem du die richtige Endung anhängst.

Schreibübung

Schreibe die Nomen mit Artikel in dein Heft: *die Fähigkeit.*
Denke an die Großschreibung.

(Lösung Seite 35)

	heit	keit
1. fähig	12	7
2. gesund	3	6
3. schwierig	2	12
4. flüssig	8	2
5. schön	6	4
6. wahr	4	3

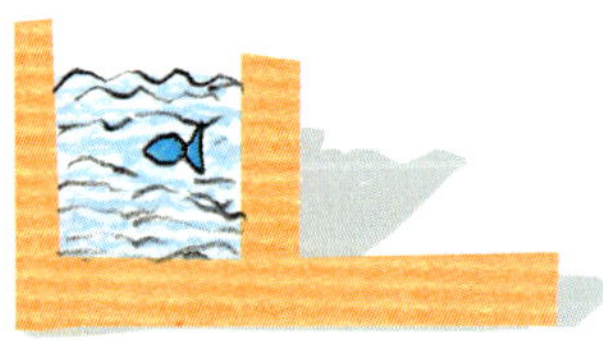

	heit	keit
7. heiter	1	8
8. dumm	9	5
9. klug	5	11
10. dankbar	10	1
11. frei	11	9
12. hässlich	7	10

18 Bilde aus den folgenden Adjektiven Nomen.
Ordne dazu den Adjektiven die richtigen Endungen zu (in den Dreierblöcken).

Schreibübung

Schreibe die Nomen mit den dazugehörigen Artikeln in dein Heft.
Achte auf die Großschreibung.

(Lösung Seite 35)

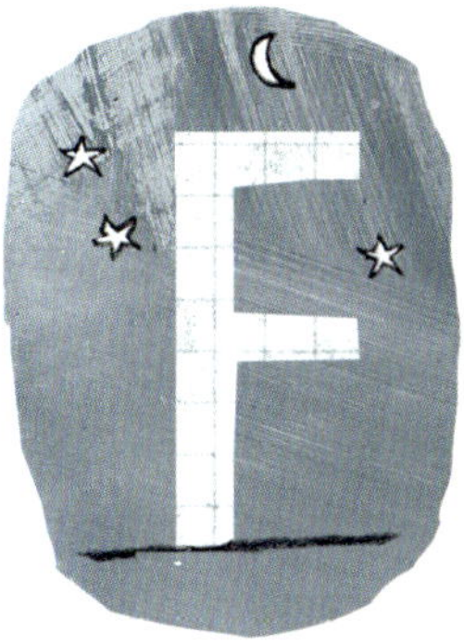

1.	sauber	nis	4
2.	frech	keit	2
3.	finster	heit	6

4.	traurig	tum	10
5.	reich	nis	5
6.	wild	keit	1

7.	feig	tum	3
8.	tapfer	heit	7
9.	eigen	keit	12

10.	klar	keit	9
11.	fröhlich	nis	11
12.	geheim	heit	8

Hinweis **Viele Nomen mit den Endungen *nis* und *ung* stammen von Verben.**

19 Ordne den Verben die passenden Nomen zu.

1. wandern
2. prüfen
3. erkennen
4. sich kleiden
5. gestehen
6. belohnen

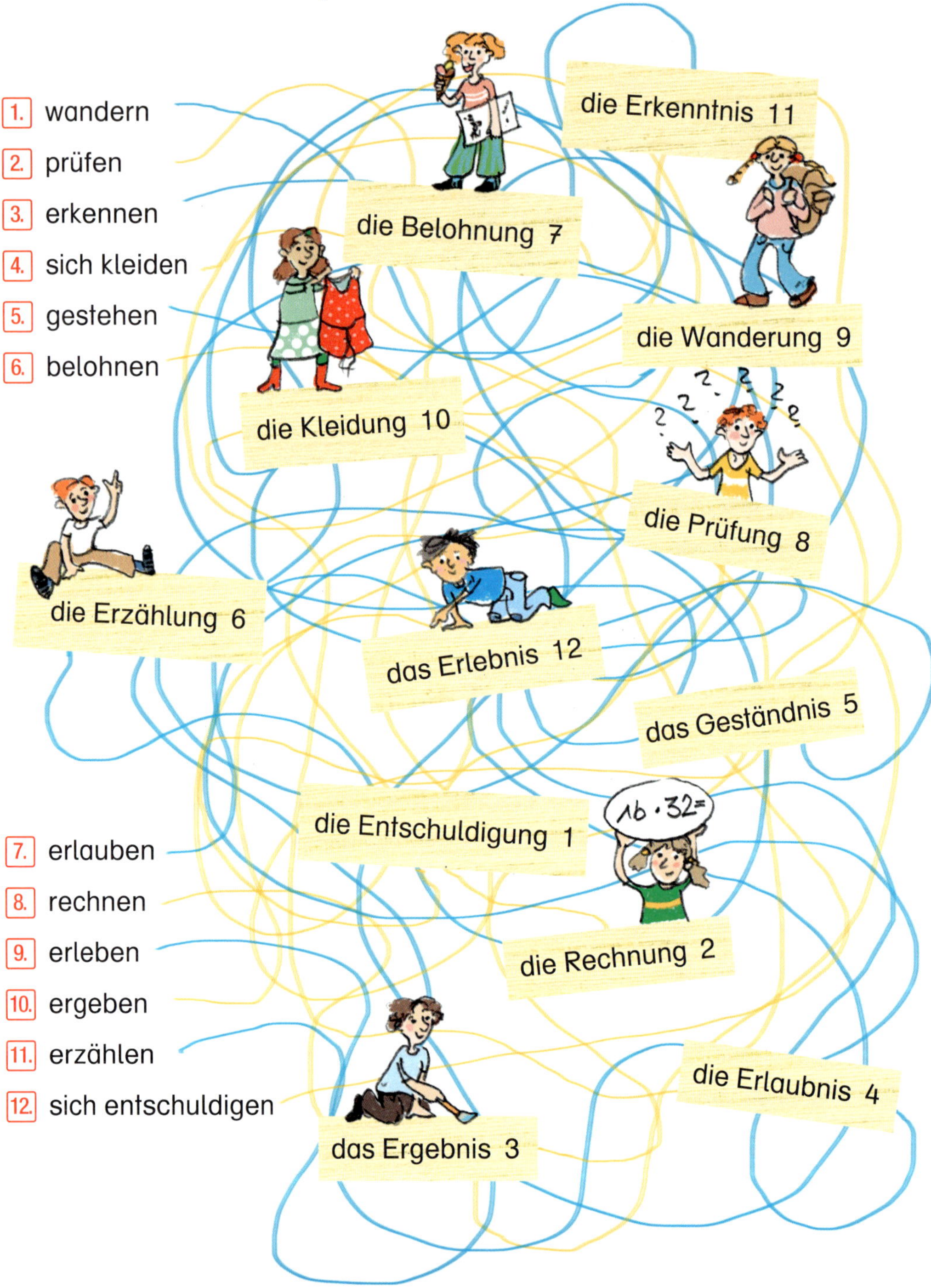

7. erlauben
8. rechnen
9. erleben
10. ergeben
11. erzählen
12. sich entschuldigen

Die Großschreibung von zusammengesetzten Nomen

Regel 2 **Zusammengesetze Nomen werden großgeschrieben.**

Mit Nomen kann man Zusammensetzungen bilden:

schwimmen + das Bad = das Schwimmbad,

tief + die Garage = die Tiefgarage.

20 Bilde sinnvolle Zusammensetzungen.

Schreibübung

Schreibe die zusammengesetzten Nomen mit den Artikeln in dein Heft.
Denke an die Großschreibung.

(Lösung Seite 35)

1.	rudern	• das Flugzeug	10	• das Boot	7
2.	spielen	• der Platz	5	• das Fenster	4
3.	groß	• der Bruder	2	• der Vater	10
4.	schnell	• die Amsel	12	• der Läufer	2
5.	springen	• das Seil	4	• das Holz	8
6.	kurz	• die Hand	11	• der Schluss	12
7.	gehen	• der Weg	8	• der Mann	9
8.	schreiben	• das Haus	6	• das Heft	11
9.	fern	• das Rohr	9	• das Auto	1
10.	radieren	• der Gummi	1	• der Wurm	3
11.	baden	• die Wanne	3	• der Baum	5
12.	hoch	• das Band	7	• das Haus	6

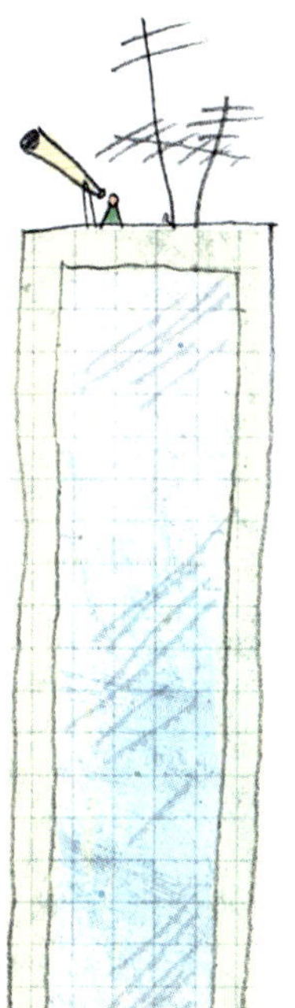

Die Kleinschreibung von zusammengesetzten Adjektiven

Regel 3 **Zusammengesetzte Adjektive werden kleingeschrieben.**

Adjektive können aus Nomen und Adjektiven zusammengesetzt sein:

der Stein + alt = steinalt.

21 Bilde in den Viererblöcken sinnvolle Zusammensetzungen.

Schreibübung

Schreibe die Zusammensetzungen in dein Heft.

(Lösung Seite 35)

1. Glocke(n)	schwarz	9
2. Pech	kalt	1
3. Eis	hoch	5
4. Haus	hell	6

5. Blitz	voll	3
6. Schnee	grün	11
7. Gras	schnell	7
8. Wunder	weiß	10

9. Blut	süß	4
10. Ziel	schnell	8
11. Pfeil	rot	2
12. Zucker	sicher	12

22 **Entscheide, ob die gekennzeichneten Wörter groß- oder kleingeschrieben werden.**

Auf dem Schulbauernhof

Nr.	Satz	groß	klein
1.	Auf der Weide stehen Kühe und ein PECHSCHWARZER Bulle.	7	6
2.	Der Bauer zeigt den Kindern, wie eine MILCHKUH mit der Hand gemolken wird.	4	1
3.	Eine kleine SCHAFHERDE grast nebenan.	1	5
4.	Für die Ziegen gibt es sogar einen KLETTERBERG.	5	3
5.	Auf dem Hof führt eine Henne sieben GOLDGELBE Küken.	11	7
6.	Der bunte Hahn scharrt im Boden nach REGENWÜRMERN.	3	10
7.	Im Schweinestall steht nur der RIESENGROßE Eber.	2	11
8.	Die dicken MUTTERSCHWEINE und ihre Ferkel liegen faul in ihrem Gehege.	10	9
9.	Eine SCHNEEWEIßE Gans watschelt zum Teich.	12	2
10.	Direkt vor ihr hüpft ein GRASGRÜNER Frosch ins Wasser.	8	12
11.	Am Teich blühen gelbe und HIMMELBLAUE Blumen.	6	8
12.	Auf dem Dach der großen Scheune brütet ein STORCHENPAAR.	9	4

Regel 4 **Jeder Satz beginnt mit einem großen Anfangsbuchstaben.**

Achte darauf, dass du nach einem Punkt, einem Ausrufezeichen oder einem Fragezeichen den neuen Satz groß beginnst.

Ich habe morgen Geburtstag. Kommst du zu meiner Feier? Das ist toll!

23 Entscheide, welche Wörter nach den Aufgabenzahlen Satzanfänge sind und großgeschrieben werden müssen.

Achtung: In dem Text fehlen die Satzschlusszeichen und die Satzanfänge sind nicht großgeschrieben.

Brummi-Fahrer

Mein Vater ist Fernfahrer [1.] und fährt einen großen Laster [2.] die Fernfahrer nennen ihre Laster Brummis [3.] am Morgen steht er ganz früh auf [4.] und geht zur Arbeit [5.] auf dem Hof steht der Laster, [6.] den mein Vater fährt [7.] mein Vater muss Waren bei einer Fabrik abholen [8.] und zu einem Lager fahren [9.] manchmal kommt mein Vater erst sehr spät nach Hause [10.] ich durfte schon einmal mitfahren [11.] damals hat mein Vater Spielzeug gefahren, [12.] aber ich habe leider nichts davon abbekommen.

24 Entscheide, welche Wörter nach den Aufgabenzahlen Satzanfänge sind und großgeschrieben werden müssen.

Achtung: In dem Text fehlen die Satzschlusszeichen und die Satzanfänge sind nicht großgeschrieben.

Mein Freund Astor

In dem Dorf, in dem ich wohne, [1.] gibt es nur noch einen Bauernhof [2.] bei diesem Bauern kaufen wir Milch und Eier [3.] meistens gehe ich Milch holen, [4.] denn meine Schwester hat Angst vor Astor [5.] dieser zottelige, graue Hund [6.] bewacht den Hof [7.] er ist an einer Leine festgemacht [8.] und bellt immer laut, wenn jemand kommt [9.] trotzdem mag ich ihn sehr gern [10.] und er lässt sich auch von mir streicheln [11.] seit letzter Woche gehe ich fast jeden Tag mit ihm spazieren [12.] jetzt ist Astor mein Freund.

groß	klein
6	11
10	2
8	12
9	6
2	1
4	9
12	7
5	4
1	3
11	5
7	8
3	10

Die Groß- und Kleinschreibung bei der wörtlichen Rede

Regel 5 **Die wörtliche Rede beginnt mit einem großen Anfangsbuchstaben.**

Mutter ruft: „Komm, Teresa, wir wollen losgehen!“

Begleitsatz — wörtliche Rede

Wenn der Begleitsatz der wörtlichen Rede nachfolgt, beginnt er mit einem kleinen Buchstaben.

„Komm, Teresa, wir wollen losgehen!“, ruft Mutter.

wörtliche Rede — Begleitsatz

25 Entscheide, ob die gekennzeichneten Wörter groß- oder kleingeschrieben werden.

Mäuschen und Elefant

1. MÄUSCHEN und Elefant gehen spazieren.
2. PLÖTZLICH tritt der Elefant auf die Maus.
3. „Entschuldige bitte“, SAGT der Elefant.
4. DA antwortet die Maus:
5. „DAS macht doch nichts,
6. das hätte mir AUCH passieren können.“

Mäuschen und Elefant gehen zum Baden.

7. DER Elefant ist schon im Wasser.
8. DAS Mäuschen rennt am Ufer hin und her.
9. „KOMM raus!“, ruft es.
10. „Warum denn?“, FRAGT der Elefant.
11. „ICH will nur sehen, ob du meine Badehose anhast!“,
12. ANTWORTET das Mäuschen.

1.	2.	3.	4.	5.	6.	7.	8.	9.	10.	11.	12.
M 10	P 8	S 7	D 9	D 5	A 4	D 3	D 2	K 12	F 1	I 6	A 11
m 8	p 9	s 11	d 5	d 3	a 7	d 2	d 12	k 6	f 4	i 10	a 1

26 **Entscheide, ob die gekennzeichneten Wörter groß- oder kleingeschrieben werden.**

Witzig! Witzig!

1. BEIM Schlachter klingelt das Telefon. B 4 / b 12

2. Eine Stimme fragt: „ENTSCHULDIGEN Sie, haben Sie Schweineohren? E 1 / e 3

3. „Ja, haben wir“, ANTWORTET der Schlachter. A 7 / a 6

4. „HABEN Sie auch eine Pökelzunge?“ H 3 / h 1

5. „GEWISS doch!“ G 12 / g 5

6. „MEINE Güte! Wie sehen Sie denn aus!“ M 2 / m 9

7. AN einer Weide stehen die Freunde Hans und Klaus.

8. „Wie viele Schafe da wohl auf der Weide stehen?“, WILL Hans wissen.

7. A 9 / a 4

8. W 11 / w 7

9. Z 5 / z 10

10. D 10 / d 8

11. F 6 / f 11

12. K 8 / k 2

9. „ZWEIHUNDERTELF“, antwortet Klaus.

10. DA staunt Hans.

11. „Hast du einen Trick beim Zählen?“, FRAGT er.

12. „KLAR! Ich zähle die Beine und teile durch vier!“

Zusammenfassende Übungen

27 Entscheide, ob die gekennzeichneten Wörter groß- oder kleingeschrieben werden.

Die Namen der Märchen erfährst du auf Seite 35.

Kennst du diese Märchen?

1. „Spieglein, Spieglein an der Wand,
wer ist die Schönste im ganzen LAND?“

2. „Heinrich, der Wagen BRICHT.“

3. „Ach zieh uns raus, zieh uns raus!
Wir sind alle schon LÄNGST braun genug.“

4. „Aber Großmutter, was hast du
für ein ENTSETZLICHES Maul!“

5. „Heute back’ ich, morgen brau’ ich, übermorgen hole ich der KÖNIGIN ihr Kind.“

6. „Die Königstochter soll sich in ihrem fünfzehnten
JAHR an einer Spindel stechen und tot umfallen!“

7. „Ich bin so SATT, ich mag kein Blatt, meh, meh!“

8. „Bäumchen schüttel dich, Bäumchen rüttel dich,
wirf GOLD und Silber über mich.“

9. „Ei was“, sagte der Esel, „zieh lieber mit uns,
etwas Besseres als den Tod findest du ÜBERALL!“

10. „Macht auf, liebe Kinder,
eure Mutter ist da und hat
jedem von euch ETWAS mitgebracht.“

11. „Ich bin SCHON da!“, rief der Igel.

12. „Rapunzel, Rapunzel,
lass dein Haar HERUNTER.“

28 Entscheide, ob die Wörter nach den Aufgabennummern groß- oder kleingeschrieben werden.

Auf dem Ponyhof

Silke und Vanessa verbringen ihre 1. FERIEN auf einem 2. PONYHOF. Sie schlafen mit vier anderen 3. MÄDCHEN in einem 4. GEMÜTLICHEN 5. ZIMMER. Jeden 6. TAG 7. REITEN sie aus, Silke 8. MEISTENS auf Stine und Vanessa auf Jonny. Aber sie lernen auch, die 9. PFERDE zuputzen und den 10. STALL sauber zu machen.
Am schönsten ist es abends, da spielen alle noch im 11. STROH.
Silke und Vanessa würden 12. GERN wieder kommen.

29 Entscheide, ob die Wörter nach den Aufgabennummern groß- oder kleingeschrieben werden.

Meerschweinchen stammen aus Südamerika

1. WILDE Meerschweinchen leben in Südamerika in kleinen 2. GRUPPEN von fünf bis zehn 3. TIEREN. Sie buddeln sich 4. LÖCHER oder ziehen in verlassene 5. HÖHLEN. Nachts ziehen sie 6. UMHER und suchen sich 7. GRÄSER und 8. KRÄUTER. Kurz nachdem Kolumbus Südamerika entdeckt hatte, wurden die 9. ERSTEN Meerschweinchen nach Europa gebracht. Ihren 10. NAMEN erhielten sie, weil sie über das 11. MEER zu uns kamen und wie 12. SCHWEINE quieken.

1. W 12 w 8
2. G 8 g 9
3. T 9 t 11
4. L 11 l 3
5. H 3 h 5
6. U 10 u 7
7. G 5 g 2
8. K 2 k 6
9. E 7 e 10
10. N 6 n 4
11. M 4 m 1
12. S 1 s 12

30 Ergänze die fehlenden Buchstaben.

„Mama, es brennt!“

1. Polizei und ■euerwehr wurden zu einem ungewöhnlichen Einsatz gerufen. F 4 f 11
2. Der fünfjährige Kevin hatte im ■adezimmer gespielt. B 11 b 5
3. Vor dem Fenster stieg ■lötzlich starker Rauch hoch. P 3 p 8
4. Kevin rief ■aut nach seiner Mutter. L 9 l 3
5. Die Mutter lief sofort zum ■elefon. T 2 t 12
6. Sie alarmierte die ■olizei. P 12 p 5

7. Kurze Zeit später hielten vor dem Haus die Polizei und ein ■euerrotes Auto. F 7 f 9
8. Sie entdeckten zum ■lück schnell die Ursache. G 5 g 10
9. In der Wohnung unter Kevins Familie hatte ein Mann sehr ■eiß geduscht. H 6 h 7
10. Damit der ■asserdampf abziehen konnte, hatte er das Fenster geöffnet. W 10 w 1
11. Der Dampf hatte ausgesehen wie ■auch. R 1 r 4
12. Trotzdem bedankte sich die Polizei bei Kevin und seiner Mutter, dass sie so ■achsam gewesen waren. W 8 w 6

Abschlusstest

Die Aufgaben dieser Doppelseite bilden einen Abschlusstest.
Hast du alle Aufgaben fehlerfrei gelöst – herzlichen Glückwunsch!

Wenn du beim Abschlusstest Plättchen falsch gelegt hast, schreibst du dir die fehlerhaften Plättchen-Nummern auf. Schau in der Tabelle nach, welche Regeln und Tipps du noch einmal nachlesen solltest. Wiederhole die angegebenen Übungen.

Entscheide, ob die gekennzeichneten Wörter groß- oder kleingeschrieben werden.

Auf dem Rummelplatz

Nr.	Satz				
1.	Ismail und Ramona dürfen heute zum JAHRMARKT gehen.	J	2	j	9
2.	Sie nehmen ihr TASCHENGELD und ziehen los.	T	9	t	5
3.	Ramona kauft sich zuerst eine leckere WAFFEL.	W	5	w	11
4.	Ismail isst LIEBER ein Eis.	L	7	l	1
5.	Dann sehen sie sich die bunten KARUSSELLS an.	K	11	k	10
6.	Ramona ruft: „SIEH mal da, die Schiffsschaukel!“	S	10	s	6
7.	„Lass uns da mitfahren!“, ANTWORTET Ismail.	A	3	a	7
8.	Gerade halten die Schaukeln an und sie DÜRFEN einsteigen.	D	8	d	3
9.	Das starke SCHAUKELN bringt die Gondel in Schwung.	S	6	s	12
10.	Es macht VIEL Spaß.	V	4	v	8
11.	Danach gucken sich die beiden das RIESENRAD an.	R	12	r	2
12.	Aber eine Fahrt ist ihnen zu TEUER.	T	1	t	4